La guerra de Kitos

Una guía fascinante de una de las guerras judeo-romanas

© Copyright 2022

Todos los derechos reservados. Ninguna parte de este libro puede ser reproducida de ninguna forma sin el permiso escrito del autor. Los revisores pueden citar breves pasajes en las reseñas.

Descargo de responsabilidad: Ninguna parte de esta publicación puede ser reproducida o transmitida de ninguna forma o por ningún medio, mecánico o electrónico, incluyendo fotocopias o grabaciones, o por ningún sistema de almacenamiento y recuperación de información, o transmitida por correo electrónico sin permiso escrito del editor.

Si bien se ha hecho todo lo posible por verificar la información proporcionada en esta publicación, ni el autor ni el editor asumen responsabilidad alguna por los errores, omisiones o interpretaciones contrarias al tema aquí tratado.

Este libro es solo para fines de entretenimiento. Las opiniones expresadas son únicamente las del autor y no deben tomarse como instrucciones u órdenes de expertos. El lector es responsable de sus propias acciones.

La adhesión a todas las leyes y regulaciones aplicables, incluyendo las leyes internacionales, federales, estatales y locales que rigen la concesión de licencias profesionales, las prácticas comerciales, la publicidad y todos los demás aspectos de la realización de negocios en los EE. UU., Canadá, Reino Unido o cualquier otra jurisdicción es responsabilidad exclusiva del comprador o del lector.

Ni el autor ni el editor asumen responsabilidad alguna en nombre del comprador o lector de estos materiales. Cualquier desaire percibido de cualquier individuo u organización es puramente involuntario.

Tabla de contenidos

INTRODUCCIÓN 1
CAPÍTULO 1 - LOS JUDÍOS EN EL IMPERIO ROMANO: LA SITUACIÓN EN JUDEA Y LA DIÁSPORA JUDÍA 3
CAPÍTULO 2 - PRELUDIO A LA GUERRA: LA PRIMERA REBELIÓN JUDÍA Y SUS CONSECUENCIAS 16
CAPÍTULO 3 - LA GUERRA DE KITOS: INICIO DE LA REBELIÓN, CAMPOS DE BATALLA E IMPLICACIÓN DE QUIETO 29
CAPÍTULO 4 - LAS SECUELAS DE LA GUERRA: EL PERÍODO PREVIO A LA REVUELTA DE BAR KOJBA 41
CONCLUSIÓN 46
VEA MÁS LIBROS ESCRITOS POR CAPTIVATING HISTORY 49
BIBLIOGRAFÍA Y REFERENCIAS 50
NOTAS SOBRE LAS IMÁGENES 52

Introducción

Estamos en el año 117 de la era cristiana. Gracias a la expansión, la conquista e incluso una cuidadosa diplomacia, el Imperio romano había alcanzado su cenit territorial y político. Abarcaba cinco millones de kilómetros cuadrados de tierra, y se calcula que la población del imperio se acercaba entonces a los sesenta millones. El mar Mediterráneo se había convertido, en todos los sentidos, en «el mar romano» (incluso se referían a él como tal-*Mare nostrum*, «nuestro mar»). El ejército romano superaba a todos los demás ejércitos de las regiones cercanas, y los comandantes del imperio eran algunos de los más capaces, influyentes y exitosos. Y por cada derrota que sufría el imperio, se producían al menos dos victorias tras ella. La cultura y las artes también florecieron, y los avances tecnológicos fueron constantes, si no rápidos. En todos los sentidos, Roma fue el mayor logro del ingenio político y social de la humanidad. Objetivamente, es una de las naciones más fascinantes que han existido.

Pero el año 117 fue también una época tumultuosa para Roma, con muchas batallas libradas en Asia Menor. Y mientras los romanos luchaban con uñas y dientes contra enemigos como los partos, otro enemigo decidió enfrentarse a los romanos. Y lo hicieron en múltiples campos de batalla. Ese enemigo era el pueblo judío, y las guerras que libraron contra los romanos tienen un nombre colectivo. La mayoría la llama la segunda revuelta judía, la revuelta de la Diáspora o *Tumultu Iudaico*, aunque es más conocida como la guerra de Kitos.

Mucho misterio rodea a este conflicto, principalmente porque las fuentes que lo mencionan son notoriamente escasas. La ciencia y la historia aún no saben mucho sobre los personajes más importantes de este conflicto, la datación está muy dispersa y las pruebas arqueológicas solo pueden llevarnos hasta cierto punto. Pero nadie duda de que la revuelta tuvo lugar y que fue tan devastadora para los judíos como la que la precedió.

En este libro, nos adentraremos en la historia de la guerra de Kitos, centrándonos en lo que pudo haberla causado, cómo se desarrolló y cómo concluyó finalmente. Y lo que es más importante, la analizaremos tanto desde el lado judío como desde el romano, ya que ambos contienen fascinantes historias de resistencia humana, intrigas políticas y consecuencias que configuraron el mapa geopolítico del Mediterráneo de forma irrevocable e importante.

Capítulo 1 - Los judíos en el Imperio romano: La situación en Judea y la diáspora judía

Los judíos y Roma: Judea

Según algunas fuentes antiguas, los romanos habían estado en contacto con los judíos mucho antes de que estos se expandieran por lo que hoy es Asia Menor y Oriente Medio. De hecho, algunas comunidades hebreas importantes aparecieron en la República romana e incluso dentro de la propia ciudad de Roma varios siglos antes del nacimiento de Jesucristo. Por ejemplo, en el año 139 a. C., el pretor romano (título que se da a un comandante militar o a un magistrado elegido que se ocupa de diversas tareas de gobierno en la república) llamado Gneo Cornelio Escipión Hispano emitió un decreto por el que todos los astrólogos que no fueran ciudadanos romanos debían ser expulsados de la ciudad. El primer grupo que nombró específicamente fue el de los caldeos, un pueblo originario de una pequeña ciudad-estado que más tarde se incorporaría a Babilonia en Asia Menor. El segundo grupo en ser expulsado incluía a los judíos, lo que indica que había una considerable población judía en la ciudad que no alcanzó la ciudadanía romana. También significa que la comunidad judía se relacionaba activamente con los lugareños.

A medida que Roma se expandía, incorporaba ciertos territorios judíos dentro de sus fronteras o libraba guerras (y anexionaba tierras) con reinos e imperios que eran vecinos inmediatos de los judíos. Uno de los más famosos de estos enfrentamientos fue durante la larga tercera guerra mitrídica, que se libró entre el 73 y el 63 a. C. Los beligerantes eran el rey póntico Mitrídates VI, que reinaba en la costa sureste del mar Negro conocida como Ponto, junto con sus numerosos aliados y la República romana, aún en expansión. La ambición original de Mitrídates era expandir el territorio de su reino subyugando a sus vecinos, ya sea mediante el combate o la diplomacia. Y algunos estados, como el reino de Bósforo y la colonia de Quersoneso, aceptaron de buen grado su gobierno, considerándolo un gran intermediario en su lucha contra sus antiguos enemigos, los escitas.

Sin embargo, otros estados ya mantenían algún tipo de relaciones diplomáticas con Roma. Por ejemplo, Bitinia, un reino que en general abarcaba las zonas del norte de Anatolia, era originalmente un aliado del Ponto, pero sus reyes de entonces eran partidarios de Roma, y pretendían seguir siéndolo. Para que Mitrídates lograra sus objetivos expansionistas, tuvo que enfrentarse a Roma, lo que acabó ocurriendo en el 88 a. C. con la primera guerra mitrídica. En pocas palabras, las dos primeras guerras mitrídicas pueden caracterizarse como una pérdida y una victoria (aunque históricamente no concluyente) para Mitrídates, respectivamente. Durante la década que duró la contienda, el anciano rey perdería contra los romanos, que primero estaban dirigidos por los hábiles políticos y generales Lucio Licinio Lúculo y Marco Aurelio Cotta. Más tarde, serían dirigidos por un general aún más hábil, Gneo Pompeyo Magno, a quien hoy conocemos como Pompeyo el Grande.

Durante este período, los territorios judíos (que abarcan aproximadamente la parte norte del actual Israel) fueron gobernados por los reyes de la dinastía asmonea. La tercera guerra mitrídica tuvo lugar, a grandes rasgos, durante los reinados de la reina Salomé Alejandra (r. 76 al 67 a. C.), su hijo Juan Hircano II (gobernó como rey del 67 al 66 a. C. y gobernó del 47 al 40 a. C.

como *etnarca*, un líder político basado en motivos étnicos), y su hermano Aristóbulo II (r. 66 al 63 a. C.).

Durante las fases finales de la tercera guerra mitrídica, el rey Mitrídates fue derrotado. Según la principal obra del historiador griego Apiano, la *Historia Romana*, Mitrídates hizo que sus propios hombres lo mataran tras fracasar en su intento de envenenarse. Pompeyo emitiría más tarde una orden para enterrar al difunto rey, pero su propia campaña en Asia Menor no había terminado. Poco después de que los romanos establecieran una nueva provincia en la región (la provincia de Siria), Pompeyo cabalgó hacia Jerusalén y saqueó la ciudad, deponiendo a Aristóbulo y llevándolo prisionero a Roma. Al parecer, también entró en el Templo de Jerusalén e incluso se abrió paso hasta el «Santo de los Santos», el santuario interior del Templo, donde solo podía entrar el sumo sacerdote. Según las mismas fuentes antiguas, Pompeyo no tocó nada ni sacó nada del Santo de los Santos, pero el mero hecho de que entrara en la zona se consideraba una profanación a los ojos de los hebreos.

Antes de partir hacia Roma, Pompeyo restituyó a Hircano como sumo sacerdote del Templo, cargo que mantendría hasta el año 40 a. C. Sin embargo, Pompeyo no le dio a Hircano un título de gobernante. Durante un breve período, Judea sería simplemente una provincia semiautónoma de Roma bajo la administración directa de los funcionarios romanos en Siria. El territorio en sí fue dividido; se le quitó la costa, así como regiones como Idumea y Samaria. Diez ciudades con habitantes predominantemente griegos recibieron la autonomía de Judea, formando la llamada Decápolis. Los judíos ya tenían una relación tensa con los griegos, y este acto particular en nombre de Roma estaba lejos de ser aceptable. Además, con el saqueo de Jerusalén y la profanación del Templo, así como con la división de Judea y la disminución de su autonomía, los lugareños empezaron a cansarse rápidamente de sus nuevos amos.

Pompeyo entrando en el Templo de Jerusalén. Representación artística de Jean Fouquet basada en los escritos de Flavio Josefo, hacia 1470[i]

El desprecio que los judíos sentían por Roma no hizo más que aumentar después de que el Primer Triunvirato tomara el poder en la ciudad o, más concretamente, cuando el Triunvirato se desintegró y se produjeron los primeros casos de luchas internas. Pompeyo se enfrentaba ahora a su antiguo aliado y al romano más conocido de toda la historia, Cayo Julio César. Su campo de batalla abarcaba, de un modo u otro, la totalidad del Estado romano. En Judea, la estructura dirigente se puso al principio del lado de Pompeyo.

En el año 49 a. C., cuando se estaba gestando el conflicto entre César y Pompeyo, Hircano II ejercía de sumo sacerdote con un hombre llamado Antípatro de Idumea como consejero. Antípatro gobernaba como gobernador de Idumea y llevaba años ayudando a los miembros de la dinastía asmonea. Sin embargo, en realidad, solo había estado ampliando su propia influencia, que ya era considerable en ese momento. La razón por la que había conservado una posición de poder tan prominente en la Judea contemporánea se debía en parte a que Hircano era un gobernante débil e ineficiente, tanto como rey como sumo sacerdote. El papel de etnarca de Hircano, que le había sido proporcionado por Pompeyo, realmente no significaba nada en particular; de hecho, Pompeyo probablemente lo eligió en lugar de su hermano Aristóbulo precisamente por su incompetencia. Antípatro, al igual que Hircano, mostró un gran grado de reverencia y sumisión a sus señores romanos, reconociendo con razón que eran el siguiente poder regional. Sabía que debía caerles bien lo antes posible.

Antípatro era un político de igualdad de oportunidades. En cuanto Pompeyo perdió la guerra, el idumeo se puso del lado de César para caerle en gracia. De hecho, llegó a salvar la vida de César durante el Sitio de Alejandría (48-47 a. C.), donde él y otro noble, Mitrídates de Pérgamo, llevaron trece mil soldados contra el reino ptolemaico. César quedó tan impresionado por el valor de Antípatro que le colmó de regalos y títulos, e incluso le concedió al político judío la codiciada ciudadanía romana. Y lo que es más importante, aunque Antipater había sido encargado por Pompeyo de recaudar los impuestos de la población judía local, no se había librado de pagar ningún impuesto hasta después de salvar la vida de César. En otras palabras, tenía carta blanca para hacer lo que quisiera en Judea.

Su posición, irónicamente, se elevó aún más una vez que Antígono II Matatías, hijo de Aristóbulo y sobrino del actual etnarca, llegó a Judea para su propia apuesta por el poder. Presumiendo de sus cicatrices y haciendo pomposas declaraciones de su eterna lealtad a Roma, Antípatro se aseguró de hecho la más alta posición de poder del César que un monarca regional podía esperar obtener: se convirtió en el procurador romano oficial de Judea. Este nombramiento no solo proporcionó a Judea nuevos beneficios, entre ellos un alto grado de autonomía y la capacidad de dirigir los asuntos internos sin una gran participación romana, sino que también dio a Antípatro la oportunidad de fortalecer su posición y ampliar su influencia. Sus hijos, Fasael y Herodes, obtuvieron nuevos nombramientos en el poder, el primero como gobernador de Jerusalén y el segundo como gobernador de Galilea.

Mientras gobernaba Judea, Antípatro trabajó en la reconstrucción de la muralla de Jerusalén, centrándose en reparar la misma sección que Pompeyo había derribado durante su invasión de la ciudad. En Judea no había grandes conflictos y la situación era tranquila, pero Antípatro la gobernaba con mano de hierro. Los lugareños podían aceptar sus nuevas reglas, pero no estaban muy contentos con ellas. Y menos aún con la cercanía de Antípatro y su corte a los romanos. El nombramiento nepotista de sus hijos en los altos cargos de Judea no ayudó a ello. De hecho, las cosas empeoraron aún más cuando Herodes comenzó a expulsar a los llamados «ladrones» de Judea, es decir, personas que probablemente se oponían al dominio romano. Sus acciones acabarían recibiendo quejas de la máxima autoridad de Judea, el consejo de ancianos conocido como el *Sanedrín*.

El papel de Antípatro en los asuntos políticos judíos durante la época de César dio lugar a un cambio importante que empujaría a la nación hebrea (y su diáspora) a actuar contra sus señores romanos. El hijo de Antípatro, Herodes —sin duda el monarca judío más famoso de este periodo cuya existencia podemos verificar con datos históricos y hallazgos arqueológicos— continuaría la política de apoyo a los romanos (o más bien actuando como su gobernante cliente) y manteniendo un fuerte control sobre Judea. Para ganarse el favor de sus futuros súbditos, Herodes se casó con Mariamne I, nieta de Hircano II y sobrina de Antígono II (el rey de Judea de la época). Mariamne era asmonea, como su tío y su abuelo, y este matrimonio daría a Herodes cierta legitimidad política para hacerse con el trono.

Curiosamente, Herodes nunca estuvo destinado a ser el rey de Judea. Cuando Antígono usurpó el trono y exilió tanto a Hircano como a Herodes, el futuro monarca fue a Roma para pedir la restauración de Hircano como gobernante. Sin embargo, el Senado romano se limitó a declarar rey a Herodes en ese momento, atribuyéndole el poder y la responsabilidad de todos los judíos de la provincia. Después de tres años de conflicto en su país, Herodes retomó Jerusalén y envió a Roma al capturado Antígono. Gobernó treinta y cuatro años más, muriendo en algún momento entre el 4 y el 1 a. C.

El tiempo que Herodes estuvo en el trono fue bastante agitado, y posiblemente fue el gobernante más productivo y eficaz de la época, habiendo iniciado varios proyectos de reconstrucción masiva que afectaban a lugares judíos sagrados. Su empresa más famosa fue la ampliación del Monte del Templo, que incluía la reconstrucción del Segundo Templo Judío desde cero. También encargó la construcción de una gran variedad de fortalezas, así como de un puerto entero en la antigua ciudad de Cesarea Marítima. Aparte de todos estos proyectos de construcción, Herodes también respetaba frecuente y abiertamente las observancias judías tradicionales. Por ejemplo, en sus propias residencias y palacios privados, el rey encargó la construcción de más de cuarenta *mikvehs*, o baños rituales, que se utilizaban frecuentemente en los rituales de pureza judíos. Además, acuñó monedas que no mostraban imágenes humanas; estas monedas se utilizarían en zonas exclusivas para judíos de acuerdo con la ley religiosa. (Las monedas judías no debían mostrar ninguna figura humana ni imágenes paganas; esta práctica se llama aniconismo, y aún podemos verla en el islam actual). Y además de hacer todo lo posible por mantener las costumbres judías e invertir en la infraestructura local, Herodes también ayudó a reconstruir varios templos y lugares de culto paganos, ganándose así el favor de la considerable población pagana de Judea.

Sin embargo, a pesar de sus esfuerzos, el rey Herodes sigue siendo recordado como uno de los gobernantes más odiados y criticados de la historia judía, y gran parte de ello tiene que ver con sus estrechos vínculos con Roma. Después de todo, fue el Senado romano, un órgano de poder extranjero, el que declaró rey a Herodes en primer lugar. Los judíos tuvieron poco que decir en el asunto tras el asedio del nuevo rey a Jerusalén. Este vínculo con Roma se acentuó aún más cuando Herodes decretó la creación de una enorme águila dorada en la entrada del Templo. Para cualquier judío que observara esto, parecería que el rey Herodes tenía más afinidad con sus jefes extranjeros que con sus compañeros hebreos, ya que el águila era uno de los principales símbolos del Imperio romano.

Por supuesto, no todas las quejas de los judíos contemporáneos estaban relacionadas con la afinidad de Herodes hacia Roma. Como gobernante, Herodes imponía duros impuestos para gastar el dinero en lujosos y costosos regalos, que entregaba a sus señores romanos y a sus vecinos a cambio de permanecer en su buena gracia. Además, ordenó la muerte y el exilio de muchos de sus oponentes políticos e indeseables, incluyendo a su primera esposa y su hijo. Además, enfurecería a las clases sacerdotales contemporáneas (sobre todo a los fariseos y a los saduceos) al no prestar atención a sus consejos sobre los detalles de la reconstrucción del Templo, en parte porque había despedido a no pocos de ellos e instalado en sus puestos a judíos procedentes de la diáspora (sobre todo de Alejandría y Babilonia). Algunas fuentes también insinúan que Herodes tenía una especie de policía secreta que vigilaba a sus súbditos e informaba al rey de cualquier cosa sospechosa. Hoy en día, la gente todavía no está del todo segura de si Herodes era un rey eficaz o un tirano que se sometió a Roma.

Por supuesto, la situación no hizo más que empeorar tras la muerte del rey Herodes. Su reino se dividió entre su hermana, Salomé I, y sus hijos, y Herodes Arquelao se quedó con los territorios más importantes de Judea, Idumea y Samaria. Sin embargo, Arquelao no fue un gobernante especialmente competente. Su reinado sobre su sección del antiguo reino de Herodes estuvo marcado por la oposición tanto de la clase sacerdotal como de sus súbditos, por constantes enfrentamientos con sus hermanos y por un sentimiento general de malestar. Días después de la muerte de su padre, en el año 4 a. C., estalló una revuelta en Judea. Sin embargo, fue aplastada con la misma rapidez por el general romano Publio Quintilio Varo, que al parecer ocupó y saqueó Jerusalén, crucificando a unos dos mil judíos en el proceso. Muchos historiadores coinciden en que el sentimiento antirromano entre los judíos, aunque ya existía en cierta medida a finales del reinado asmoneo, se disparó realmente debido al trato que Varo dio a los rebeldes. Y cuando Varo se fue a Antioquía y Arquelao tomó las riendas de la mayor parte de Judea, no es de extrañar que los lugareños empezaran a despreciar rápidamente al hijo de Herodes.

Había muchas razones por las que los lugareños no toleraban a Arquelao. Fue responsable de la muerte de unas tres mil personas en el Templo, gente que, cabe señalar, protestaba por la decisión del rey de hacer matar a dos maestros y cuarenta estudiantes por su delito de derribar la estatua del águila dorada sobre la entrada del Templo. Arquelao también tenía matrimonios dudosos que chocaban con la ley judía. Naturalmente, no ayudó el hecho de que, al igual que su padre, Arquelao fuera un auténtico peón de los romanos, con su propio título real confirmado nada menos que por el primer emperador romano, César Augusto (más conocido como Octavio). La población local estaba tan en contra de Arquelao que finalmente fue considerado un gobernante incompetente por los propios romanos, que lo depusieron alrededor del año 6 de la era cristiana. De hecho, el propio emperador Augusto dio la orden de deshacerse de Arquelao.

El rey fue exiliado a la Galia, a una ciudad llamada Viena (la actual Vienne, que no debe confundirse con la capital de Austria). En este momento, los judíos perdieron todos los gobernantes propios, ya que los romanos tomaron el control directo de Judea y la convirtieron en una especie de provincia satélite de Siria. El territorio estaba bajo la jurisdicción directa del *legatus* (un rango militar que denota al comandante de una legión) Publio Sulpicio Quirino, pero la provincia en sí respondía a uno de sus subordinados, es decir, el prefecto de Judea. Durante el mandato de Quirino, el prefecto de Judea era un hombre llamado Coponio.

Muchos hombres fueron nombrados para el cargo de prefecto de Judea, con resultados diversos. Posiblemente el prefecto romano más famoso, Poncio Pilato, fue testigo directo del juicio y posterior muerte de Jesús de Nazaret, que más tarde se convertiría en una figura importante de la secta escindida del judaísmo de mayor éxito, conocida hoy como cristianismo. A Pilato le sucedería Marcelo, al que seguiría Marulo. Todos estos hombres pasaron un breve tiempo en el cargo y, según los escasos registros judíos de la época, mostraron algunos niveles de corrupción. Una vez que Marulo dejó el cargo, la región volvió a ser gobernada por un rey herodiano durante un breve tiempo: El nieto de Herodes, Marco Julio Agripa, apodado tanto Herodes II como Agripa I. Sin embargo, su reinado solo duró entre el 41 y el 44 d. C., y fue un mero rey cliente al servicio de los romanos, al igual que su hijo, Herodes Agripa II.

Tras la muerte de Agripa I, durante el gobierno nominal de Agripa II, Judea sería gobernada por varios procuradores romanos (funcionarios encargados de los asuntos financieros) y luego por legados hasta el año 135 de la era cristiana, justo después del final de la revuelta de Bar Kojba. El hecho de que tanto Agripa I como II se hubieran mostrado abiertamente serviles a Roma, hasta el punto de ayudar al imperio durante la primera rebelión judía, no hizo más que alimentar el desprecio judío hacia ellos y profundizar aún más el odio ya existente hacia la propia Roma. Paradójicamente, a pesar de la participación directa de los romanos durante el reinado de Agripa I, los judíos de Judea seguían teniendo una gran autonomía. Los asuntos internos de la provincia seguían siendo manejados por los locales, y todas las costumbres seguían siendo practicadas dentro del Templo. Por supuesto, estas libertades seguían siendo infringidas por una mayor implicación romana en la vida política cotidiana de los judíos, un factor adicional en la creciente actitud de rebeldía que culminaría en un conflicto en toda regla.

El sarcófago del rey Herodes tras su restauración, Museo de Israel[ii]

La diáspora judía

Para entender la guerra de Kitos, hay que hacerse una idea de lo extensa que fue y de por qué incluyó tantos campos de batalla diferentes en todo el Mediterráneo oriental. A diferencia de la primera revuelta y de la posterior revuelta de Bar Kojba (y de todos los demás levantamientos y escaramuzas menores que tuvieron lugar antes, durante y después de las tres principales), la guerra de Kitos tuvo lugar casi exclusivamente fuera de Judea, en zonas que ahora llamamos la diáspora judía. Hubo varios factores que impulsaron a los judíos a vivir en zonas tan remotas, lejos de su patria, como los acontecimientos históricos que tuvieron lugar y la política local de Asia Menor, Egipto y el sureste de Europa.

Uno de los primeros lugares fuera de Judea en ser habitado masivamente por los judíos fue Mesopotamia. Ya en el año 722 a. C., durante el reinado del rey neoasirio Sargón II, miles de israelitas fueron deportados a Asiria después de que el reino de Israel fuera aplastado en una batalla. La siguiente gran oleada de deportaciones tuvo lugar después de que el emperador neobabilónico Nabucodonosor II derrotara al Reino de Judá en el año 586 a. C. Babilonia pronto se convirtió en un importante centro para que los judíos exiliados se reunieran y formaran pequeñas comunidades. Una buena parte de esta población regresaría finalmente a Judea, reconstruiría el Templo y continuaría prosperando. Los que se quedaron vivían más o menos como cualquier otro súbdito babilónico, pero estaban desprovistos de cualquier influencia política adecuada.

Egipto fue otra zona que tuvo una importante población judía durante la antigüedad. Durante el reinado de la vigésima sexta dinastía egipcia (siglo VII a. C.), toda una colonia de mercenarios judíos (que los arqueólogos también encontraron en Mesopotamia en esa época) encontró su hogar en este reino, al igual que muchos administradores judíos que habitaban algunos de los mayores centros urbanos de Egipto. La verdadera expansión de las comunidades judías en Egipto se produjo cuando uno de los generales de Alejandro Magno, Ptolomeo Soter, tomó el poder sobre la región tras la muerte del rey macedonio a finales del siglo IV a. C. Se hizo con el control de zonas como Cirenaica (costa oriental de la actual Libia), la isla de Chipre y la provincia de Siria, que incluía Judea. Las políticas algo liberales de Ptolomeo en Egipto parecían favorables a los judíos, por lo que, según el historiador hebreo romanizado Flavio Josefo, unos 120.000 judíos emigraron de Judea a Alejandría y otras ciudades. Ptolomeo y sus sucesores trataron bien a los judíos, permitiéndoles establecerse en un tipo especial de colonias llamadas *clerucas*. No se conoce el número exacto, pero Ptolomeo instaló a muchos judíos en Cirenaica en el año 312 a. C., y teniendo en cuenta que tenía una flota, es más que probable que muchos judíos también se instalaran en Chipre en esa época.

Parece que los principales centros de los grandes reinos e imperios no eran ajenos a las grandes poblaciones de judíos, y Roma no era diferente. Por ejemplo, incluso antes de que César Augusto llegara al poder, varios miles de judíos, como mínimo, ya vivían en Roma. Ese número había aumentado tras el saqueo de Jerusalén por Pompeyo, ya que miles de judíos fueron llevados a la ciudad como esclavos. Sin embargo, estos esclavos en particular serían liberados poco después y se establecerían en la ciudad como comerciantes.

Las cifras exactas sobre el número de judíos que vivían fuera de Judea son, en el mejor de los casos, confusas, y los expertos solo ofrecen conjeturas. Algunos de los primeros eruditos especulan con que casi siete millones de judíos en total vivían en la época romana y cubrían vastas zonas del norte de África, el sureste de Europa y Asia Menor. Esa cifra incluye tanto la provincia de Judea en sus diversas iteraciones como la totalidad de la diáspora. Por un lado, parece una cifra plausible. Los historiadores de la época ofrecían varias cifras sobre los judíos que vivían, por ejemplo, en Alejandría, en Egipto, o en Babilonia, en Mesopotamia, y oscilaban entre decenas de miles y un millón. Sin embargo, las cifras rara vez mencionan a los judíos de Roma propiamente dicha o de Cirenaica o incluso de Chipre, Cartago y las fronteras de la península arábiga. Y aunque siete millones podría ser una cifra exagerada, unos cuantos millones de judíos viviendo y siendo activos durante algunos de los años de formación más turbulentos de Roma no es del todo imposible.

Naturalmente, como grupo étnico que adoraba a un único dios sin una tierra propia, los judíos acababan siendo discriminados de diversas maneras, como otras minorías de la época. Sin embargo, como podemos ver con el ejemplo de varios reyes judíos (tanto de la dinastía asmonea como de la herodiana) e incluso de individuos como Josefo, no era del todo inaudito que los romanos aceptaran a los judíos como ciudadanos respetables con todos sus derechos intactos. Por supuesto, no se les permitía hablar mal de Roma, y como tal, a menudo servían como peones políticos que propugnaban la propaganda pro romana. Esto no contribuyó a calmar a los ya inquietos súbditos judíos del imperio, y no tardaría en estallar un conflicto importante.

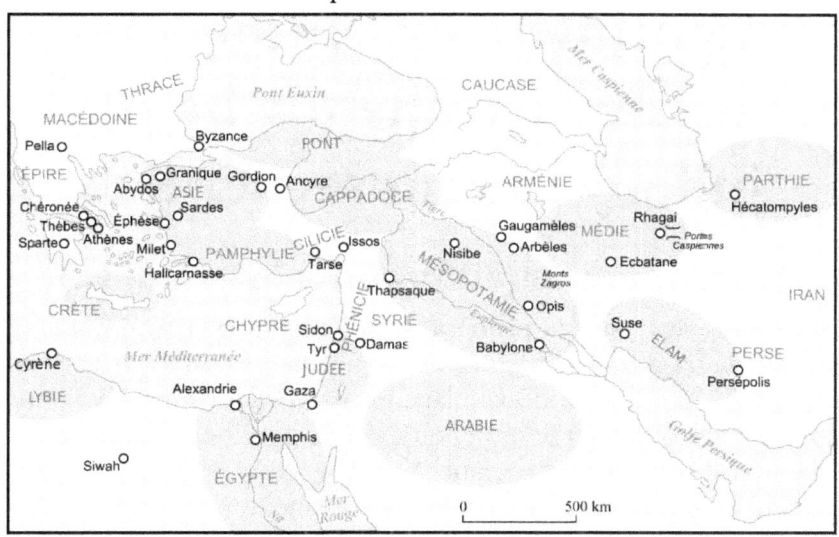

Mapa aproximado de la diáspora judía en la antigüedad[iii]

Capítulo 2 - Preludio a la guerra: la primera rebelión judía y sus consecuencias

La primera rebelión judía (66-74 d. C.)

De las tres revueltas, la primera, también conocida como la gran revuelta judía o la guerra judía, es la que cuenta con los datos más fiables, y aun así, no todo es blanco o negro. La razón por la que sabemos tanto sobre esta rebelión es el hecho de que tenemos un relato real de primera mano de uno de los hombres que participaron en ella, primero como comandante rebelde y luego como desertor romano: el ya mencionado historiador Flavio Josefo. Procedía de una familia sacerdotal, y lideraría a los judíos de Galilea durante el primer año de la revuelta, rindiéndose a las fuerzas del emperador Vespasiano en el año 67 de la era cristiana. Por supuesto, tenemos que tomar incluso las palabras de Josefo con una buena dosis de escepticismo. Después de todo, la mayor parte de su historia de la guerra judía fue escrita desde la perspectiva de un súbdito romano leal y no de un historiador objetivo. En otras palabras, sus opiniones están muy sesgadas a favor tanto del emperador Vespasiano como de su hijo, el posterior emperador y patrón de Josefo, Tito. El hecho de que tomara el apellido de Vespasiano como propio (es decir, «Flavio») también dice mucho de su lealtad en aquella época y de lo sesgadas que son sus opiniones sobre la guerra.

Las primeras chispas de la nueva rebelión de la que escribiría Josefo comenzaron en Cesarea Marítima, donde unos mercaderes griegos sacrificaron unos pájaros frente a una sinagoga local en un intento de provocar a los judíos locales. Como no podía ser de otra manera, los dos grupos comenzaron a pelearse ferozmente, mientras que el procurador romano de la época, Gesio Floro, no hizo nada para detenerlos. Como represalia a este grave insulto de griegos y romanos, el sacerdote judío Eleazar ben Ananias dejó de ofrecer sacrificios y de recitar oraciones al emperador romano en la sinagoga.

Pero el trato que los griegos daban a los judíos no era la única queja que tenían los rebeldes. Los impuestos eran otro problema importante, y no ayudó que Floro ordenara a sus hombres asaltar el Templo y tomar diecisiete talentos del tesoro del Templo, alegando que eran para el emperador (un solo talento mesopotámico de oro valdría algo más de 1.400.000 dólares en 2022). Este acontecimiento no hizo más que indignar a los judíos locales, que empezaron a enfrentarse abiertamente a los romanos. Esto provocó de nuevo que Floro enviara una guarnición de soldados para masacrar a algunos de los influyentes líderes judíos. Cada vez más gente de Judea irrumpió en la ciudad y arrolló tanto a los romanos como a los funcionarios judíos pro romanos. La situación se volvió tan tensa que el rey Agripa II y su esposa huyeron de Jerusalén y se dirigieron a Roma.

Más o menos al mismo tiempo, una facción de los judíos sicarii, dirigida por Menahem ben Judah, tomó el control de la fortaleza de Masada y expulsó a los romanos. Menahem se autoproclamó rey de Masada, y sus propias tropas se mostraron abiertamente contrarias a los judíos rebeldes restantes, a los que Josefo llama colectivamente los zelotes, así como a cualquier otro grupo de personas de la zona.

Lo que siguió fue una serie de escaramuzas entre los rebeldes judíos (compuestos por zelotes, las clases sacerdotales y los sicarii, entre otros) y las tropas romanas. El legado de Siria, Cestio Galo, se movió contra los locales y consiguió algunas victorias clave. Sin embargo, una batalla en particular, la infame batalla de Beth

Horon, que tuvo lugar en el año 66, resultaría totalmente desastrosa para los romanos. Las tropas de Galo fueron aplastadas, con unos seis mil soldados muertos y miles de heridos. Una facción particular de rebeldes judíos que fue responsable de los daños al ejército romano (y al orgullo romano) fue dirigida por alguien del campesinado. Simón bar Giora fue uno de los líderes rebeldes más distinguidos de toda la guerra. Otro líder destacado, Eleazar ben Simón, dirigió a los zelotes durante la batalla. Ambos hombres resultaron ser una espina en el costado de Roma hasta el final de la guerra, aunque no estuvieron exactamente de acuerdo durante el conflicto.

Después de la batalla de Bet-Horon, los líderes judíos restantes formaron el gobierno provisional de Judea en Jerusalén con el objetivo de gobernar la tierra de los judíos recién liberada y preparar las defensas contra la inevitable represalia romana. Varios individuos clave fueron colocados como comandantes en varias ciudades, los más notables de los cuales fueron Eleazar ben Ananias, que tenía el mando conjunto sobre la tierra de Edom con un hombre llamado Jesús ben Safa; su padre, el sumo sacerdote Ananus ben Ananus, que era uno de los jefes de gobierno de la propia Jerusalén; y Flavio Josefo, que estaba a cargo de Galilea y el Golán. El nuevo alto mando judío no corría riesgos y comenzó a reforzar todas las estructuras defensivas posibles en preparación del ataque romano. Pero no pasaría mucho tiempo antes de que las luchas internas resultaran ser la perdición de los judíos recién liberados. Menahem ben Judah pronto se encontraría en Jerusalén, donde intentaría imponer su dominio sobre la ciudad. El resultado fue que tanto él como sus sicarios fueron expulsados a Masada. Curiosamente, Simón bar Giora también fue expulsado poco después debido a que su carismático liderazgo constituía una amenaza para los responsables.

De vuelta a Roma, el Senado estaba inquieto. El emperador de la época, el infame Nerón, envió a uno de sus generales, el modesto y poco impresionante Vespasiano, a encargarse de la revuelta en Judea. El general desembarcó en Tolemaida (la actual Acre, en Israel) a principios del 67, al frente de dos legiones, la *Legio X Fretensis* y la *Legio V Macedónica*. Se reunió con su hijo

Tito y su propia legión, la *Legio XV Apollinaris*. La primera batalla en la que participó Vespasiano fue su famosa campaña de Galilea. La mayoría de la gente de la clase dirigente que dirigía las fuerzas judías en Galilea se rindió sin luchar, pero Josefo no se rindió. De hecho, hasta el final del Sitio de Yodfat, estuvo luchando activamente contra las fuerzas invasoras. No obstante, las tropas de Vespasiano obtuvieron importantes victorias en Galilea, Yodfat y Gamla, todos ellos lugares que Josefo había fortificado fuertemente. Durante la campaña, Josefo tuvo supuestamente una visión divina en la que Vespasiano se convertía en emperador, que se haría realidad años después de las batallas en las que participó. Después de una serie de acontecimientos, cuya historicidad es, en el mejor de los casos, cuestionable (como esconderse en una cueva y sortear una especie de suicidio ritual), Josefo se rindió a los romanos.

Las victorias de Vespasiano en el norte de Judea fueron solo el principio. En el año 68, ya se había establecido en Cesarea Marítima y la utilizaba como cuartel general. En particular, evitó ir directamente a por Jerusalén, que todavía estaba fuertemente guarnecida por las fuerzas rebeldes. En su lugar, se dirigió a las regiones, pueblos y ciudades de los alrededores. En la primavera del mismo año, recuperó varios lugares importantes, como Afeq, Lida, Javneh y Jaffa (Jope). Su campaña le llevó a adentrarse en Idumea, Perea y las tierras altas de Samaria, y en el año 69 ya tenía en su poder Gophna, Akrabta, Bet-el, Efraín y Hebrón.

Su ulterior avance en Judea, que habría incluido el asedio de Jerusalén, se detuvo temporalmente por los grandes acontecimientos que se estaban produciendo en Roma en ese momento. En concreto, el emperador Nerón se estaba desquiciando poco a poco, lo que puso al pueblo de Roma en su contra. Tras el suicidio de Nerón a finales del año 68, una serie de hombres se declararían gobernantes de Roma y pronto serían depuestos, uno tras otro, en rápida sucesión. Esta época fue conocida como el Año de los Cuatro Emperadores, y los gobernantes que marcaron esta época fueron Galba (gobernó durante algo más de siete meses, asesinado por la Guardia Pretoriana el 15 de enero del 69), Otón (gobernó durante cuatro meses, se suicidó en la mañana del 16 de abril), Vitelio (gobernó durante algo más de ocho meses, asesinado durante la batalla de Bedriacum el 20 de diciembre), y Vespasiano. Vespasiano fue declarado emperador por sus propias legiones, por lo que consideró a Vitelio como un usurpador. Se marchó a Roma y transfirió el mando de la campaña judía a su hijo Tito, que siguió presionando hacia Jerusalén.

A los propios judíos no les iba demasiado bien en ese momento. Mientras Vespasiano seguía consolidando el poder en Cesarea y sus alrededores, los judíos que quedaban reconstruyeron y fortificaron la ciudad de Jaffa, que luego utilizaron como base de operaciones para sus actividades piratas. Estos piratas eran evidentemente tan notorios que la navegación regular era casi imposible en el año 68 d. C. En Jerusalén, sin embargo, las cosas se veían muy mal debido a las enormes luchas internas entre las diferentes facciones rebeldes. Los zelotes de la ciudad estaban dirigidos por Juan de Giscala, uno de los supervivientes de la campaña de Galilea. A diferencia de Josefo, Juan no se rindió a los romanos, utilizando esto como reclamo de legitimidad al mando de los rebeldes. Y aunque su facción era increíblemente fuerte dentro de las murallas de Jerusalén, fue desafiada por otro líder zelote, Eleazar ben Simón, y el exiliado Simón bar Giora.

Cada facción tenía una parte diferente de Jerusalén bajo su mando, aunque con el tiempo, las fuerzas de Eleazar disminuirían como resultado de una posible traición de Juan (el propio Eleazar murió durante este tiempo o logró sobrevivir como oficial del ejército de Juan durante la caída de Jerusalén). Eleazar tenía los patios interiores del Templo, con el Tabernáculo como cuartel general. Juan tenía los atrios exteriores y partes de la Ciudad Baja, y Simón tenía la totalidad de la Ciudad Alta. Estas facciones lucharían literalmente entre sí hasta que las legiones de Tito llegaran a Jerusalén.

Curiosamente, antes de sitiar la ciudad, los romanos mandaron un enviado para negociar una rendición pacífica, eligiendo para ello nada menos que al propio Flavio Josefo. Esta fue una maniobra inteligente desde el punto de vista táctico (Josefo hablaba hebreo y entendía a los judíos más íntimamente que cualquier romano) y un excelente ejemplo de guerra psicológica.

Al utilizar un enviado judío, los romanos obtendrían una de dos ventajas. La primera de ellas era irritar a los judíos hasta el punto de cometer un error, mientras que la segunda era el hecho de que los judíos podrían rendirse si uno de los suyos les hacía saber que rendirse era la mejor opción. Obviamente, los judíos no se rindieron, por lo que el asedio fue inevitable. Pero lograron, al menos por un tiempo, arreglar sus diferencias y acordar que la protección de la ciudad era lo primero. Cualesquiera que fueran las diferencias de Simón, Juan y (posiblemente) Eleazar, tendrían que esperar hasta que los romanos fueran expulsados de Jerusalén.

El ahora famoso Sitio de Jerusalén tuvo lugar en el año 70 y duró poco más de siete meses. Tito demostró ser un comandante tan capaz como su padre. Estableció un campamento permanente frente a las murallas de la ciudad, avanzando lentamente y tomando un muro tras otro. La tercera muralla, recién construida y, en aquel momento, aún inconclusa, fue la primera en caer, y la segunda muralla, más poderosa, tardó un poco más en ser superada. Un método notable que los romanos utilizaron para superar la muralla fueron tres enormes torres de ariete de setenta y cinco pies de altura. Construirlas y llevarlas hasta las murallas no fue tarea fácil, sobre todo teniendo en cuenta que los romanos estaban constantemente bajo el intenso fuego de los judíos, que lanzaban flechas, piedras y otros proyectiles). Sin embargo, los arietes eran tan terroríficamente eficaces que su aparición consiguió que Simón y Juan cooperaran en la preparación de la defensa.

Atravesar la segunda muralla llevó meses, y tanto los romanos como los judíos demostraron una increíble destreza bélica. Por ejemplo, en un momento dado, los romanos construyeron varios *aggeres*, cuyo objetivo era sostener una calzada sobre la que las torres de ariete pudieran moverse más fácilmente. Las tropas pasaron un total de diecisiete días construyéndolas, pero las fuerzas de Juan las derribaron en un solo día cavando estratégicamente bajo ellas y colocando materiales combustibles debajo. En un momento dado, el propio Tito estuvo a punto de morir durante un intento de negociación, e incluso Josefo acabó siendo golpeado con un proyectil de piedra en la cabeza y se desmayó.

El asedio entró en sus últimos días a principios de agosto, cuando cesaron los sacrificios oficiales en el Templo. Para entonces, Tito y sus comandantes, entre los que se encontraba el antiguo procurador de Judea, Tiberio Julio Alejandro, habían rodeado Jerusalén con una enorme muralla en forma de cresta (una circunvalación, también conocida como inversión) y aplicaban tácticas de guerra de desgaste (es decir, esperaban a que los judíos dentro de la ciudad fueran diezmados por el hambre, las enfermedades y la fatiga). La táctica parece haber funcionado, teniendo en cuenta las constantes luchas internas y las supuestas escenas de horror que relata Josefo. Finalmente, los romanos consiguieron penetrar la segunda muralla y obligar a los judíos a retirarse dentro del recinto del Templo. Días después, las tropas romanas quemaron las enormes puertas del Templo, y unas semanas más tarde, el propio Templo fue incendiado. Los historiadores no están seguros de si Tito ordenó la quema del Templo o si fue llevada a cabo por una parte diferente (tal vez incluso los propios rebeldes). Sin embargo, el 30 de agosto, tanto la ciudad baja como la alta habían caído en manos de las legiones romanas, y los líderes de la rebelión fueron capturados. Tito fue aclamado como emperador por sus tropas (un galardón ceremonial, en el mejor de los casos, similar a la forma en que se aclamaba a cada general del ejército romano después de una gran victoria). Realizó celebraciones masivas durante varios días, tanto en Jerusalén como en otras ciudades cercanas. Algunos de los rebeldes judíos más destacados fueron ejecutados o hechos prisioneros, pero Tito se negó a desterrar a los judíos de la propia ciudad. Josefo atribuye esta decisión como un acto de justicia y generosidad por parte de Tito, pero debemos recordar que está escribiendo desde una perspectiva sesgada. Es más probable que Tito necesitara sofocar cualquier actitud rebelde y simplemente tuviera que permitir que los judíos siguieran viviendo dentro de las murallas de la ciudad para evitar cualquier posible rebelión en un futuro próximo. Y teniendo en cuenta la agitación por la que tuvo que pasar para capturar la ciudad y los miles de hombres que perdió, era un riesgo que prudentemente no estaba dispuesto a correr.

Un detalle del Arco de Tito que representa a los soldados romanos llevándose los tesoros del Templo de Jerusalén, Roma, Italia"

Tanto Juan de Giscala como Simón bar Giora fueron llevados como prisioneros a Roma y desfilaron encadenados. Juan fue condenado a cadena perpetua y murió en cautiverio en Roma, mientras que Simón fue ejecutado arrojándolo a la muerte desde la Roca Tarpeya, un famoso lugar de ejecución cerca del Templo de Júpiter en Roma.

Con Tito ahora en Roma, los funcionarios locales pudieron tomar el control de Judea y gobernarla lo mejor posible. Aunque la provincia seguía siendo una mera subsección de Siria, ahora era gobernada por un legado. El padre de Tito, Vespasiano, había puesto al frente de Judea en el año 71 a Sexto Lucilio Baso, un veterano muy conocido por el actual emperador. De hecho, Baso traicionaría al anterior emperador, Vitelio, en el año 69 al elegir el lado de Vespasiano, que regresaba de Judea para intentar reclamar el trono. La tarea de Baso era eliminar cualquier remanente de la revuelta judía, siendo tres fortalezas particulares sus principales objetivos: Herodión cerca de Belén, Maqueronte en Perea, y Masada en el extremo sur. Las fortalezas en sí mismas no representaban una gran amenaza para Roma, pero en la mente de Baso, dejarlas intactas sería una vergüenza. Ningún bastión judío que se opusiera a Roma debía permanecer en pie, e incluso la más endeble de las fortalezas debía ser tomada por puro principio.

Baso tomó Herodión sin mucha lucha. De hecho, la tomó en un solo ataque con pérdidas mínimas. Maqueronte, por otro lado, resultó ser algo más difícil de tomar. Constaba de dos secciones — la acrópolis y la ciudad propiamente dicha— y tanto los zelotes como los no zelotes de la fortaleza resultaron ser enemigos formidables. Después de que los romanos lograsen capturar la fortaleza, los zelotes recibieron un salvoconducto para salir tras las negociaciones, mientras que el resto de los rebeldes fueron brutalmente asesinados.

Masada resultaría ser la fortaleza más difícil de reclamar. No solo se encontraba en una meseta enormemente escarpada a la que solo se podía acceder a través de un único y estrecho camino, sino que además estaba repleta de provisiones que podrían durar mucho tiempo a cualquier fuerza estacionada en la fortaleza. Baso no llegó a unirse a los esfuerzos de conquista de esta enorme fortaleza; cayó enfermo y murió algún tiempo después del asedio de Maqueronte. El hombre que se hizo cargo de la campaña a principios del 73 fue el general Lucio Flavio Silva, y tuvo mucho trabajo.

Ordenó la construcción de una enorme circunvalación, seguida de una enorme rampa cerca de la sección occidental de la fortaleza utilizando un espolón natural llamado la Roca Blanca. La rampa se utilizó entonces para trasladar una enorme torre de asedio con un ariete hasta los muros de la fortaleza, con los hombres de Silva caminando a duras penas, listos para luchar. Las tropas consiguieron finalmente abrir una brecha en los muros de madera el 1 de mayo, quemándolos con sus antorchas.

Si hubiera habido un combate, las tropas judías habrían sido arrolladas. Según Josefo, las fuerzas de Silva, que incluían la *Legio X Fretensis*, compuesta por unos 4.800 hombres, tropas auxiliares y esclavos judíos, tenían un total combinado de 15.000 hombres. En comparación, Josefo sitúa la población contemporánea de Masada en 967, lo que incluye a las mujeres, los niños y los ancianos. Esto habría hecho que los judíos fueran superados en número cinco a uno por la *Legio X Fretensis* sola. Sin embargo, no se produjo ningún combate. Supuestamente, los soldados romanos encontraron la fortaleza en gran parte en cenizas, con todo, excepto los almacenes de alimentos, quemados por los rebeldes. Los defensores de Masada, salvo siete individuos (cinco mujeres y dos niños, según Josefo), se habían suicidado. Algunas pruebas sugieren que la cifra de 960 suicidas fue una exageración y que muchos de ellos murieron defendiendo la fortaleza, pero el relato sobrevive, no obstante, como un punto conmovedor de la historia judía y un símbolo de heroísmo.

Ruinas del campamento romano cerca de Masada, el que albergó a la Legio X Fretensis, Israel

Las consecuencias de la primera rebelión

Tras la revuelta, los judíos de Judea fueron totalmente aplastados, tanto política como moralmente. Las consecuencias inmediatas fueron la matanza de miles de participantes en la lucha contra los romanos, siendo la crucifixión uno de los métodos de ejecución más utilizados. Además, miles de judíos en todo el imperio fueron vendidos como esclavos, desplazados, desterrados u obligados a luchar bajo la bandera romana. Y teniendo en cuenta la importancia que el nuevo emperador y sus legati habían dado al asedio de las fortalezas de Herodión, Maqueronte y Masada, se puede decir que su objetivo era aplastar por completo cualquier esperanza judía de rebelarse una vez más contra Roma.

El mayor golpe para los judíos de Judea fue, con mucho, la destrucción del Segundo Templo. A pesar de haber sido reconstruido y ampliado por el odiado rey cliente Herodes, seguía siendo un centro de la fe judía y un lugar sagrado tanto para los judíos nativos de Judea como para los que vivían en la diáspora. Con su destrucción, algunas sectas del judaísmo, como los saduceos y el llamado Sacerdocio del Antiguo Israel, perdieron protagonismo y su número disminuyó con el tiempo. Sin embargo, diferentes sectas del judaísmo lograron prosperar. Antes de que Vespasiano partiera hacia Roma, supuestamente dio permiso a un rabino fariseo llamado Yohanan ben Zakkai para que abriera una escuela en Yavne (una ciudad actual del distrito central de Israel, conocida como Jamnia en la antigüedad) dedicada a la enseñanza del judaísmo. Zakkai sobrevivió a la rebelión siendo supuestamente sacado a escondidas de Jerusalén por sus alumnos en un ataúd; su escuela se convertiría con el tiempo en un importante centro de estudios talmúdicos y ayudaría a difundir el judaísmo por todo el imperio tras la devastación del Templo y la persecución generalizada de los judíos.

Sin embargo, un golpe adicional a la destrucción del Templo fue el impuesto recién establecido. Llevaba el acertado nombre de *Fiscus Iudaeus*, o Impuesto Judío, y sustituía efectivamente (y de forma algo irónica) a un antiguo impuesto del Templo que los judíos pagaban para ocuparse del mantenimiento de su lugar sagrado. Para hacer las cosas aún más humillantes para los judíos, el dinero obtenido del Impuesto Judío se destinó a la construcción de un templo romano dedicado a Júpiter, que se construiría justo en el lugar donde se encontraba el Segundo Templo. No hace falta decir que fue un acto que los judíos de Judea no olvidarían.

Los judíos leales al imperio recibirían sus propios beneficios tras la rebelión. Tanto Herodes Agripa II como su hermana Berenice fueron huéspedes de honor en Roma durante el reinado de Vespasiano y sus sucesores. Josefo fue tratado excepcionalmente bien por los romanos tras la revuelta. Se le concedió una pensión y, lo que es más importante, se le permitió alojarse en la antigua residencia de Vespasiano, una villa cerca de Roma. En esta residencia escribiría sus famosas obras, que en su mayoría estaban relacionadas con los judíos y el judaísmo. Incluso recibió algunos alojamientos en Judea, aunque es probable que nunca volviera allí, ya que los lugareños lo consideraban un traidor y un lacayo romano.

Durante su estancia en Roma, Josefo se casó varias veces y tuvo algunos hijos. Su destino final es en gran parte desconocido, pero ha sido objeto de un interesante curso de acontecimientos que tuvieron lugar relativamente poco después de la rebelión. Se supone que los sicarii continuaron con sus esfuerzos de rebelión contra los romanos, llegando a provocar sentimientos de rebeldía en la diáspora. Un tal Jonatán, tejedor de oficio, orquestó una pequeña revuelta en Cirenaica, que algunos judíos acomodados y leales al imperio denunciaron al gobernador de la región, un hombre llamado Catulo (no confundir con el famoso poeta romano del mismo nombre). Catulo buscaba probablemente ganar más protagonismo político y ganar dinero rápido, por lo que ordenó arrestos y ejecuciones masivas de los ciudadanos judíos prominentes de Cirenaica, con un total de unos tres mil muertos, según los escritos de Josefo. Este mismo Catulo encarceló entonces a Jonatán, lo llevó a Roma y logró convencerlo de alguna manera para que declarara que ciertos altos funcionarios judíos lo habían involucrado en la revuelta, con el propio Josefo implicado como sospechoso. Vespasiano, sin embargo, no se creyó esta historia, y Jonatán fue condenado a muerte. Catulo no ganó nada. Josefo y los otros judíos mencionados en este supuesto juicio fueron absueltos de todos los cargos.

En general, los judíos de Judea y de la Diáspora siguieron viviendo sus vidas con relativa normalidad después de la primera rebelión. Pero las secuelas de esta guerra les dejaron un sabor agrio en la boca. La animosidad que sentían contra los romanos, otros paganos (especialmente los griegos), e incluso los traidores domésticos, junto con los impuestos masivos y la degradación de la fe judía, inclinarían la balanza una vez más. La revuelta menor de Jonatán en Cirenaica no fue más que un presagio de lo que vendría en las décadas siguientes. Y mientras que la siguiente revuelta importante que tendría lugar en Judea propiamente dicha estaba todavía lejos, la de la diáspora se estaba gestando lentamente, alcanzando un punto de ebullición en el año 115.

Representación artística de Flavio Josefo de una traducción inglesa de sus obras de 1817[vi]

Capítulo 3 - La guerra de Kitos: inicio de la rebelión, campos de batalla e implicación de Quieto

El período de entreguerras (74-115 d. C.)

Una cosa que separa la primera rebelión judía de la guerra de Kitos y la rebelión de Bar Kojba es el hecho de que la historia nos ofrece al menos un participante directo que escribió extensamente sobre el tema: Flavio Josefo. En cuanto a las demás rebeliones, los historiadores tienen que basarse en escasas pruebas, conjeturas y suposiciones.

Examinemos, por ejemplo, el estado de los judíos entre el final de la primera rebelión y las primeras chispas de la guerra de Kitos. A pesar de ser un período de más de cuarenta años, se dispone de una información asombrosamente escasa sobre la Judea contemporánea y los judíos que vivían en la diáspora. ¡Se trata de más de una generación entera de escasa información! Además, la mayoría de las fuentes judías que hablan de estas rebeliones fueron recopiladas décadas o incluso siglos después de que estos acontecimientos tuvieran lugar, y están contenidas en su mayor parte en textos religiosos y tipos de literatura similares. En otras palabras, estas fuentes proceden de escritores que no prestaron precisamente atención a la exactitud histórica. Por ejemplo, una fuente citaba a un líder rebelde en una zona, mientras que otra fuente utilizaba un nombre totalmente diferente para ese mismo líder en ese mismo campo de batalla. Además, la datación de la mayoría de los acontecimientos es casi imposible. Los registros romanos que aparecen de este periodo son escasos y a menudo se trata de informes escasos escritos en un lenguaje seco y poco inspirado que no revela casi ninguna información relevante. Autores como Apiano, Dió Casio, Eusebio y Orosio mencionan estas rebeliones en sus escritos, pero, de nuevo, su información nos deja con muchas más preguntas que respuestas.

Con todo esto en mente, es instructivo considerar los hechos y eventos más plausibles, y usamos el término «hechos» aquí de manera un tanto imprecisa. La rebelión se produjo definitivamente en algún momento del año 115 de la era cristiana o del 116 como máximo. Duró algo más de un año, terminando en el 117. Y su alcance fue bastante amplio. Los judíos que se rebelaron eran habitantes de Egipto, Cirenaica, Chipre, Partia, Armenia y Adiabene (la parte noroeste de donde se encontraba la antigua Asiria). Por alguna razón, no hubo grandes batallas o levantamientos en la propia Judea o, al menos, ninguno que conozcamos. Y aunque Roma no estuvo involucrada al principio, definitivamente sofocó la rebelión en una fecha posterior. La participación directa de los romanos sugiere que la lucha era tan feroz o peligrosa para la economía local que tuvieron que resolverla.

Esas cuatro décadas de «silencio» podrían esconder una gran pista sobre la naturaleza de la propia rebelión. Sin embargo, también oculta la actitud general de los judíos hacia Roma tras su aplastante derrota y el saqueo de Jerusalén. Es seguro decir que había un descontento generalizado. Después de todo, la destrucción del Templo no fue una hazaña menor. Los hebreos consideraban este edificio como el centro absoluto de su fe, y perderlo así y luego someterse al enemigo que lo destruyó no pudo ser bueno para la moral del pueblo. Además, los romanos persiguieron a los judíos supervivientes. Si tuviéramos que hacer una estimación aproximada, alrededor de un tercio de los judíos fueron exiliados, crucificados, arrojados a los anfiteatros para luchar o vendidos como esclavos. Un gran número de judíos huyó a los asentamientos cercanos, sobre todo a Alejandría. Y aunque algunos sacerdotes consiguieron instigar un poco de «renacimiento judío» en términos de vida espiritual en Jamnia y Lida, esto no habría levantado lo suficiente la moral del pueblo derrotado.

Posibles causas de la rebelión

Al observar las rebeliones que tuvieron lugar, es increíblemente difícil señalar qué fue exactamente lo que las hizo estallar para empezar. No son pocos los estudiosos que apuntan a la destrucción del Templo en el año 70 d. C. o a la caída de Masada unos años más tarde como las causas a largo plazo de la rebelión de la diáspora (o la guerra de Kitos). Eso tiene sentido, pero solo hasta cierto punto. No olvidemos que esta rebelión no tuvo lugar en la propia Judea y que Jerusalén estuvo notablemente ausente como campo de batalla.

Pero esa no era la única causa a largo plazo para una rebelión. Y antes de examinar algunas de las causas directas, es importante repasar algunas otras posibles causas a largo plazo. Como se ha dicho antes, los judíos de toda la diáspora tenían que compartir territorio con los griegos. Las colonias de Asia Menor y el norte de África estaban repletas de población helénica, y no se tomaban demasiado bien a los judíos. El estallido de una rebelión en Alejandría, por ejemplo, no sería algo fuera de lo común si tenemos en cuenta esta rivalidad. Después de todo, antes de la conquista romana, la zona había sido un estado de propiedad griega bajo la dinastía ptolemaica. Los judíos sí habitaron la zona más tarde y tuvieron bastante éxito en el comercio y los negocios cotidianos. Sin embargo, las chispas entre judíos y griegos se avivaban a menudo. Y si los refugiados de guerra de Palestina bajaron a Alejandría tras la devastación de la primera rebelión, no sería sorprendente que impulsaran agendas nacionalistas en un intento de incitar a sus hermanos a luchar. Habría sido una conclusión lógica de un enfrentamiento centenario entre dos grupos de personas muy diferentes.

Los funcionarios romanos a cargo de Judea después de la primera rebelión ya no llevarían el nombre de procurador, sino que pasarían a ser pretor. Además, la *Legio X Fretensis* permaneció estacionada en Judea durante el periodo de entreguerras. Aunque la permanencia de la legión en la ciudad no significa mucho en sí, podría ser un indicador de la preparación romana. Después de todo, si una legión tenía que estar estacionada en el centro de Judea, podría deberse a que el pueblo era propenso a rebelarse en ese momento, incluso después de la guerra. Por supuesto, esto es solo una conjetura, ya que no tenemos ninguna prueba sólida.

Otra causa posiblemente más directa a largo plazo para la rebelión fue el Impuesto Judío. Como se ha dicho antes, los judíos tenían que pagar este impuesto a sus conquistadores romanos, lo que debía ser humillante. Y los romanos hacían este impuesto cada vez más severo. Por ejemplo, uno solo estaba exento del impuesto si renunciaba a la fe judía. Además, los hombres no eran los únicos que debían pagar; tanto las mujeres como los niños eran gravados, al igual que los ancianos. Durante el gobierno del emperador romano Domiciano (r. 81-96), el impuesto recibió otra desagradable modificación; ahora se ampliaba a las personas que «ocultaban secretamente que eran judíos» y practicaban en secreto. Por supuesto, esta acción de Domiciano se debió puramente a su miedo a que otros grupos religiosos socavaran su supuesta divinidad. Su sucesor, el emperador Nerva, en realidad relajó la severidad del Impuesto Judío. Este acto de Nerva fue demasiado poco y demasiado tarde.

Así que esas fueron las causas a largo plazo: la venganza por la destrucción del Templo durante el saqueo de Jerusalén en el año 70, la rivalidad de larga data con los griegos, la inquietud general de los judíos después de la rebelión, y/o la imposición del Impuesto Judío. Sin embargo, veamos algunas de las probables causas a corto plazo.

Basándonos en los acontecimientos geopolíticos de Roma de la época, algunas de las causas a corto plazo para que las rebeliones surgieran en la Diáspora incluyen el resentimiento por la imposición de la idolatría pagana a la población judía, un enfrentamiento concreto entre los judíos y los griegos en ciertos lugares de la diáspora, represalias contra otros grupos minoritarios en el Imperio romano, y/o la ayuda que posiblemente los judíos prestaron a los partos durante la campaña militar del emperador Trajano en Asia Menor.

Incluso antes de la primera rebelión, griegos y romanos construían templos para sus dioses y exigían tributos para ellos en ciudades predominantemente judías. El episodio del águila romana no fue más que uno de tantos. Mientras vivían en su nuevo entorno, los judíos podrían haber sido sometidos a un poco de tortura psicológica. No sería extraño que un grupo de griegos adorara abiertamente a sus propios dioses y se burlara de los judíos. El gobierno local erigiría estatuas y templos a la gloria de estos dioses solo para poder restregárselo en la cara a los judíos. De hecho, este sentimiento antijudío podría haber envalentonado a los locales aún más que antes, y estos actos de burla religiosa continuarían durante años, si no décadas.

La segunda y tercera causas directas están íntimamente relacionadas. Las viejas rivalidades que los judíos tenían con los griegos, así como con otros grupos no judíos, con la posible excepción de los partos, debieron empeorar con el tiempo. Roma, por lo general, se mantenía al margen porque las fricciones le ayudaban a hacer de intermediaria y a controlar a la población más fácilmente. Sin embargo, los romanos seguían teniendo que actuar como árbitros entre los bandos en conflicto. Y por mucho que los judíos estuvieran resentidos con los griegos, la situación era igual de amarga a la inversa. Un fragmento de papiro de finales del año 115, dirigido al emperador Trajano, alude a un altercado entre los judíos y los griegos de Alejandría. Desgraciadamente, la mayor parte del papiro ha desaparecido, por lo que solo podemos especular sobre su contenido, pero basándonos en el tono y la redacción, quien lo escribió asumió que Trajano estaba siendo demasiado comprensivo con los judíos. En otras palabras, se trataba de propaganda antitrajana, y provenía del lado no judío. También hay que tener en cuenta que este tipo de mensajes no llegaban al emperador a no ser que fueran bastante serios; tendría que haber sido grave a nivel de rebelión. Por lo general, una típica riña callejera, aunque se trate de dos grupos de hombres armados, sería resuelta en el acto por los legionarios allí destacados. El mero hecho de que la persona que envió el papiro tuviera que involucrar al emperador alude a un asunto grave. Y hablando de probabilidades, tal sentimiento antagónico no solo estaba presente en Alejandría. Es posible, basándose en algunos escritos anteriores de historiadores contemporáneos, incluido el propio Josefo, que judíos y no judíos se enfrentaran en Chipre, Cirenaica y Mesopotamia.

El punto de vista de los partos es bastante interesante. Trajano ya estaba llevando a cabo su masiva y efectiva campaña parta cuando la revuelta judía estalló allí. La revuelta sería aplastada, por supuesto, pero la campaña de Trajano se ralentizaría indefinidamente, y el propio emperador nunca volvería a este campo de batalla en particular después de que los judíos fueran derrotados. Por lo tanto, es tentador pensar que los judíos y los partos colaboraron al menos hasta cierto punto. Otra posibilidad es que los judíos simplemente decidieran atacar cuando Trajano estaba demasiado involucrado en su campaña como para preocuparse por un ataque sorpresa judío. Sea cual sea el caso, los partos agradecieron la retirada táctica de Trajano, y si hubiera habido una colaboración real, habrían estado en deuda con los judíos.

Si observamos la historia de los judíos en Mesopotamia, podríamos especular además que los hebreos tenían una relación algo amistosa con el Imperio parto. Este estado multiétnico era como la mayoría de los imperios mesopotámicos: era enorme, tolerante y débil. El gobierno romano no se habría encontrado con un estado unificado con un ejército estable. Por el contrario, los romanos habrían podido desgarrarlo pieza a pieza e imponer su dominio, dividiendo la zona en provincias. A los judíos, en particular, no les habría gustado este arreglo. Durante el siglo I de nuestra era, existía un pequeño estado proscrito en Nehardea, habitado en su totalidad por refugiados judíos. Los que vivían allí veían a Partia como un protector, ya que su política fiscal y su actitud general hacia los judíos eran tolerables. Si Roma conquistara Partia o la desintegrara, los judíos de Nehardea perderían esa sensación de seguridad. Y con el trato que los romanos daban a los judíos en Jerusalén apenas cuatro décadas antes de la campaña, la perspectiva de un gobierno romano sobre los judíos partos no era definitivamente bienvenida.

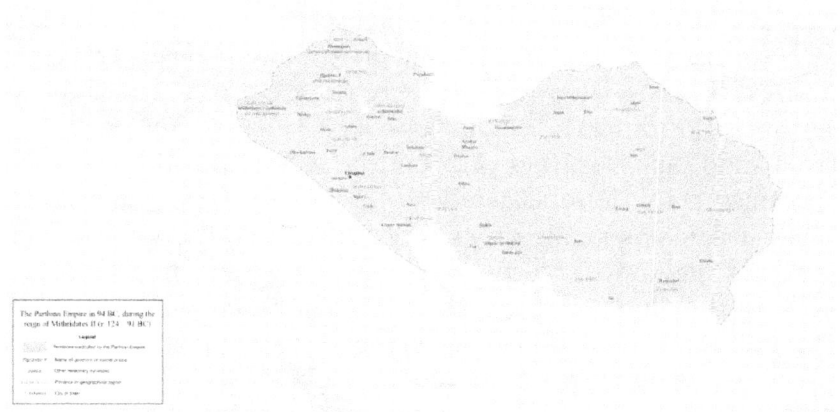

El Imperio parto en el apogeo de su poder, mucho antes de la revuelta de la diáspora; los partos eran considerados aliados y protectores de los judíos expatriados[vii]

La rebelión: Campos de batalla individuales

La mayoría de los expertos creen que los combates iniciales estallaron en Cirenaica a finales del año 115 o principios del 116 en la capital de la región, Cirene. Según los datos que tenemos sobre esta región procedentes de algunas fuentes posteriores, los daños fueron inmensos. El sucesor del emperador Trajano, Adriano, tuvo que encargar amplias reparaciones en Cirene, que incluían los baños públicos y las carreteras. Sin embargo, los mayores daños se produjeron en los templos de varios dioses helenos. Los lugares sagrados, incluidos los templos de Apolo, Isis, Hécate, Artemisa y los Dioscuros, requirieron muchos trabajos de reparación, y el templo de Apolo ardió hasta los cimientos. Además, debido a los daños causados en las carreteras, la distribución de alimentos era casi imposible. Cada uno de estos esfuerzos de reconstrucción tuvo lugar después de la revuelta, lo que hace que los daños sean una consecuencia directa de la lucha. Y teniendo en cuenta que los judíos atacaron específicamente los templos de los dioses griegos, podemos atribuir al menos parte de la causa de la revuelta a su odio a los griegos o a la misión mesiánica general contra las religiones paganas, o a ambas cosas.

Identificar al líder de la revuelta ha sido algo difícil para los estudiosos. De las fuentes disponibles, la persona identificada como iniciadora de la rebelión fue un hombre llamado Loukas o Andreas. El historiador griego Eusebio de Cesarea, que nació más de un siglo después de la revuelta, llama a Loukas «rey», insinuando que esta persona podría haber tomado un título mesiánico antes de rebelarse. Esta práctica no estaba fuera de lo habitual para los judíos de la época; docenas, si no cientos, de hombres judíos en torno al cambio de milenio, incluido Jesucristo, se declararon salvadores, muchas veces antes de entrar en combate. Sin embargo, ninguna fuente contemporánea, ya sean inscripciones, monedas o cualquier otra cosa, identifica a un rey judío autodeclarado con ese nombre. Lo mismo ocurre con el otro nombre de pila, un Andreas que suena muy griego y cuyo nombre fue dado por el historiador Casio Dio (que nació unos treinta y cinco años después de la rebelión).

Si tomamos la Cirenaica natal de Loukas como el campo de batalla original, podemos seguir más o menos el estallido en otras regiones. Algunas fuentes afirman que tanto los refugiados griegos paganos como algunos de los judíos rebeldes se dirigieron al este, a Egipto. Una línea de lógica plausible sugiere que los griegos que huían fueron a Alejandría para advertir a sus compañeros de un inminente ataque judío. Teniendo en cuenta lo tensas que habían sido las relaciones entre griegos y judíos en la ciudad, era solo cuestión de tiempo que comenzara la lucha. Cuando la rebelión estalló en Alejandría, los judíos, supuestamente bajo las órdenes de Loukas (que se habría unido a los rebeldes en ese momento), destruyeron los templos paganos y la tumba de Pompeyo. El prefecto de Alejandría en ese momento, Marco Rutilio Lupo, logró inicialmente rechazar a los rebeldes, pero pronto tuvo que buscar refuerzos. Curiosamente, no todos los judíos se unieron a la rebelión en Alejandría, lo que se evidenció en algunos indultos emitidos posteriormente por Lupo.

Es más que probable que los judíos dispusieran de una pequeña flota durante los combates, ya que tenían el control de las vías fluviales de Pelousion (Pelusium, una ciudad de la región oriental del delta del Nilo). Eso daría cierta credibilidad a las afirmaciones de que los rebeldes de Cirenaica y Alejandría fueron a avivar las llamas tanto en Chipre como en Mesopotamia, ya que las costas de ambas regiones están relativamente cerca del delta del Nilo. Sin embargo, esto no es más que una suposición; cuando hablamos de rebeliones coordinadas, solo podemos relacionar con seguridad dos de ellas, las de Cirenaica y Egipto. El resto podría haberse inspirado simplemente en los combates, que tuvieron lugar cerca de su zona general.

Chipre sería el siguiente punto lógico de rebelión. Su centro urbano fue objeto de un brutal ataque por parte de los rebeldes judíos, que supuestamente estaban dirigidos por un hombre llamado Artemión. La capital contemporánea de la isla, Salamina, fue fuertemente saqueada, y se dice que 240.000 griegos fueron masacrados sin piedad. Esta cifra es obviamente exagerada, pero indica un amplio derramamiento de sangre por parte de las tropas rebeldes de Artemión. En cuanto al hombre en sí, sabemos tan poco como sobre Loukas. Una vez más, tenemos un nombre griego atribuido a un líder judío, pero esta vez ni siquiera sabemos con certeza si era un mesías autodeclarado o simplemente un líder natural y rebelde con ideas fanáticas antigriegas.

Los combates en Mesopotamia también involucraron a Loukas. Luchó junto a otros líderes, concretamente Juliano y Pappus. Los tres, evidentemente, huyeron a Judea después de que la revuelta alejandrina fuera aplastada. El responsable de esta victoria fue un prefecto romano de la Guardia Pretoriana y amigo personal de Trajano y de su sucesor, Adriano. Su nombre era Quinto Marcio Turbón. En realidad, Turbón fue enviado como parte de los refuerzos a Lupus. La rebelión en Alejandría debió ser tan intensa y sangrienta como la de Chipre, teniendo en cuenta que la importación de grano a Roma había cesado y el propio emperador había enviado a Turbón para que se ocupara de ella. Pero Turbón no se detuvo ahí. Una vez resuelta la rebelión de Alejandría, fue por Loukas, ocupándose de la rebelión de Chipre en el proceso. Su objetivo final era capturar y condenar a muerte a Juliano y Pappus.

Pero Turbón era solo uno de los hombres enviados para manejar la rebelión. Paralelamente a los acontecimientos de Chipre y Alejandría, los judíos de Mesopotamia también se rebelaron, justo cuando la campaña parta de Trajano estaba cobrando fuerza. Sabiendo que tendría que sofocar el levantamiento, Trajano nombró a otro hombre para que se encargara de la lucha allí. El nombre de este hombre marcaría toda la revuelta de la diáspora y lo colocaría en el pedestal de la historia romana. Se trataba del general bereber y posterior legado de Judea, Lusio Quieto o Kitos.

Estatua del emperador Trajano de la Colonia Ulpia Traiana, actual Xanten, Alemania[viii]

La participación de Quieto

Antes de continuar, debemos destacar que el nombre original de este comandante militar era Quieto. «Kitos» es una corrupción posterior, ya que es una grafía griega de un nombre muy romano. Así que, por comodidad, la rebelión mantendrá la grafía Kitos, mientras que al hombre mismo se le referirá con la grafía original.

Curiosamente, Quieto era de ascendencia bereber; posiblemente incluso era un príncipe. Eso le convertiría en uno de los pocos hombres de raza negra del ejército romano y de la vida política romana, en general, que alcanzó un estatus tan elevado. La sociedad romana en sí misma no era racista (al menos no según los estándares modernos), pero seguía siendo una rareza que los no romanos de África se convirtieran en destacados generales con altos honores. Esa tendencia continuaría en los últimos siglos del imperio, con líderes bárbaros ocupando puestos en el Senado o en el ejército romano, pero durante estos primeros tiempos seguía siendo una rareza.

Quieto, por supuesto, se ganó su estatus gracias al trabajo duro y al éxito. Su padre fue originalmente un defensor de una frontera notoriamente difícil, lo que le valió a él y a su familia la ciudadanía romana. El propio Quieto sirvió bajo el mandato de Domiciano como oficial auxiliar de la caballería romana. Aunque fue recompensado por su servicio con un rango ecuestre, este le sería retirado por insubordinación.

Sin embargo, ese no fue el final de la carrera de Quieto antes de la rebelión. Su mayor éxito fue luchar en una unidad auxiliar a las órdenes del emperador Trajano en la campaña contra los dacios. Trajano recompensó a Quieto por su servicio nombrándolo senador, y Quieto, a su vez, volvió a demostrar su valía durante la campaña parta. Cuando los judíos se rebelaron en Mesopotamia, Quieto se había convertido en un afamado comandante con mucha influencia.

Posiblemente a principios del año 117, Trajano nombró a Quieto para sofocar la rebelión cerca de Judea. Quieto continuaría asediando la ciudad de Lydda y más tarde se dispondría a sofocar los focos de rebeldía que quedaban en Siria, Mesopotamia e incluso Chipre. Para entonces, la mayor parte de

Egipto y Cirenaica habían sido pacificadas. Algunos historiadores antiguos y medievales atribuyen a Quieto la gestión de algunas rebeliones menores en la región, pero no fue así. De hecho, fue Turbón quien se encargó de estas rebeliones menores en el norte de África durante el reinado de Adriano.

Quieto fue tan eficaz que los judíos no solo sufrieron una gran derrota a sus manos, sino también una gran humillación. Se sabe que impuso un proceso forzado de helenización en las zonas derrotadas, y los judíos tuvieron que aprender griego y convertirse al culto pagano. Los que no lo hacían eran brutalmente asesinados. Chipre fue tratada con tanta saña que no quedó ni un solo judío con vida allí, y se borró todo rastro de su vivienda en la isla. (Hasta la fecha, no se ha encontrado ninguna evidencia arqueológica de que los judíos vivieran en la isla).

Aunque Quieto no fue el único comandante que participó en la lucha (Lupo, Turbón e incluso el propio Trajano participaron), fue con diferencia el más eficaz, por lo que la rebelión sigue llevando su nombre. Puso el último clavo en el ataúd de toda la rebelión. Teniendo en cuenta su experiencia militar previa, era el hombre perfecto para el trabajo.

Una caballería de moros a la ofensiva contra los dacios, con Lusio Quieto al frente, un detalle de la Columna de Trajano en Roma, Italia[ix]

Capítulo 4 - Las secuelas de la guerra: el período previo a la revuelta de Bar Kojba

Las consecuencias inmediatas de los conflictos de la diáspora

En el período inmediatamente posterior a la represión de la segunda rebelión judía se produjeron varios acontecimientos clave. En primer lugar, el emperador Trajano encontró la muerte a su regreso de la campaña parta. Murió el 11 de agosto de 117 en la ciudad portuaria de Selinus (la actual Gazipaşa, en Turquía), y los expertos determinaron que la causa de su fallecimiento fue un edema. Las estatuas de la época muestran claramente al emperador demacrado y enfermo, con las mejillas hundidas. Tenía sesenta y tres años y su muerte marcó el final de la era en la que Roma experimentó la mayor expansión territorial de su historia.

A Trajano le sucedió Adriano, pero su sucesión no fue fácil ni pacífica. El mismo año en que fue elevado a este cargo, relevó a Quieto de su guardia personal. Pero eso no fue ni mucho menos lo peor que le ocurrió a este veterano general. Uno de los antiguos guardianes de Adriano, un hombre llamado Atiano, alcanzó el puesto de prefecto pretoriano. Supuestamente descubrió una conspiración contra el nuevo emperador que había sido orquestada por Quieto y algunos otros hombres. Tanto los hombres como Quieto fueron juzgados en ausencia, y fueron perseguidos por los hombres de Atiano y asesinados. Los historiadores especulan con que Atiano actuó por orden de Adriano, a pesar de que el emperador afirmó que el prefecto actuó por su cuenta.

Una posible razón para que Adriano se deshiciera de Quieto fue la popularidad del general bereber. Quieto era un distinguido comandante militar con muchas victorias en su haber. Además, ya había sido senador e incluso Trajano le había prometido un consulado. Esos estrechos lazos con el antiguo emperador y la popularidad de la que gozaba Quieto suponían un potencial problema para Adriano. No era extraño que un líder militar se autoproclamara repentinamente emperador y organizara una revuelta abierta. Y con el tipo de reconocimientos que tenía Quieto, la usurpación de Adriano era, al menos a sus ojos, inminente.

Curiosamente, otro confidente cercano de Trajano no recibió el mismo trato. Quinto Marcio Turbón, que podría decirse que tuvo tanto éxito como Quieto, permaneció en servicio durante mucho tiempo en el reinado de Adriano, ayudándole a sofocar otras rebeliones en el norte de África, así como a ocuparse de Dacia. A principios de la década de 120, Turbón se convirtió en prefecto pretoriano y ocupó ese cargo hasta el año 134. Antes de eso, se le dio el control de dos provincias en el norte de África. Turbón gozaba de un enorme grado de confianza tanto de Trajano como de Adriano, lo que era una rareza en aquella época. Su carrera es aún más impresionante si tenemos en cuenta que no era realmente romano. De hecho, Turbón era de origen griego, procedente de la ciudad de Epidauro.

Mientras los romanos experimentaban cambios masivos y sufrían consecuencias directa o tangencialmente influenciadas por la rebelión, los judíos sentían el peso de su pérdida. Un gran número de hebreos, tanto soldados como civiles, fueron asesinados o desplazados. La rebelión dio lugar a una completa limpieza étnica de Chipre, así como a pérdidas de vidas en

Cirenaica que fueron tan enormes que los súbditos de Adriano tuvieron que trabajar en amplios esfuerzos de repoblación. Egipto tampoco estuvo muy lejos de Cirenaica en ese frente.

Sin embargo, hubo algunos resultados positivos para el bando perdedor. En concreto, muchos de los refugiados que huyeron de estas provincias en guerra se asentaron en tierras partas. Con el abandono de la campaña por parte de Trajano y el hecho de que Adriano no se adentrara más en Partia, se formó un nuevo núcleo de ciudadanos judíos en Mesopotamia, uno que estaba deseoso de descentralizar aún más las enseñanzas talmúdicas y difundir la religión. Además, los judíos que no participaron en la rebelión de Egipto obtuvieron el perdón de Turbón y pudieron seguir comerciando y viviendo sus vidas.

Las consecuencias duraderas en el periodo de entreguerras

Dentro de Judea y de las provincias rebeldes conquistadas, comenzaron a surgir nuevos templos griegos y romanos. Hasta la revuelta de Bar Kojba, hubo docenas y docenas de nuevos lugares sagrados de culto pagano, algunos de los cuales se construyeron incluso en antiguos lugares de oración judíos. Una ciudad completamente nueva llamada Aelia Capitolina fue fundada sobre las ruinas de Jerusalén. Es cierto que la construcción de esta ciudad formaba parte de los esfuerzos de Adriano por restaurar Jerusalén y proporcionar a los judíos un lugar renovado para habitar después de la destrucción a la que se enfrentó en los años 70, pero el mero hecho de que optara por una variante romanizada y secularizada, que el propio nombre de Aelia Capitolina sugiere, debió de parecer una forma de eliminar a Yahvé y al judaísmo para los lugareños.

Según algunos historiadores antiguos, las tensiones entre Adriano y sus súbditos hebreos se agravaron aún más cuando decretó la prohibición de la circuncisión, aunque no lo hizo externamente. Sin embargo, castigó severamente el acto de la castración a principios de su reinado, y aunque esa prohibición no incluía específicamente la circuncisión, debe haber habido algunos vínculos tangenciales con ella. Al fin y al cabo, la mayoría de las circuncisiones realizadas a los gentiles de la época se trataban efectivamente como castraciones (aunque hay que tener en cuenta que los judíos no eran el único grupo de personas de la época que practicaba la circuncisión). El sucesor de Adriano, el emperador Antonino Pío, relajó algunas de las leyes relativas a la circuncisión, permitiendo a los judíos continuar con la práctica sin ninguna repercusión legal. En general, las siguientes décadas verían crecer el sentimiento de rebelión, lo que daría lugar al tercer y último acto masivo de levantamiento de los judíos.

Este potencial para otra rebelión estaba constantemente en la mente de los romanos. El imperio elevó el rango de Judea propiamente dicha de territorio pretoriano a provincia consular. Eso significaba que un mayor número de soldados estaría presente en Judea en todo momento, llegando a ser al menos dos legiones. Esta enorme presencia de tropas es una clara señal de que los romanos, como mínimo, trataban de estar preparados para cualquier posible rebelión, aunque tardaran años o décadas en producirse. Y aunque la revuelta de Bar Kojba resultó ser un asunto devastador y sangriento para los romanos y una victoria muy reñida al final, habría sido drásticamente diferente si no hubiera habido legiones para prevenir estas revueltas en primer lugar.

El efecto más duradero del conflicto fue el descontento con el dominio romano. Basándose tanto en la primera rebelión como en las revueltas en toda la diáspora, un judío común de la época llegaría a darse cuenta de que los romanos favorecían a los griegos y que los judíos, al igual que muchos otros grupos de personas en Asia Menor, el norte de África y el Mediterráneo, no eran vistos como iguales dignos de ningún tipo de respeto. Dado que los emperadores romanos reconstruían y restauraban constantemente los templos griegos en ruinas, a menudo en detrimento de otros lugares religiosos locales, no sería extraño que un judío sintiera resentimiento y calificara las acciones romanas de favoritismo. Además, los romanos aprovechaban cualquier oportunidad para conquistar otras tierras, incluso enfrentando a personas de su propia especie para lograr sus objetivos. Así lo hicieron con la dinastía herodiana, y Flavio Josefo todavía estaba muy presente en la memoria de todos. En términos generales, un romano sería un señor menos preferible para los judíos que, por ejemplo, un parto. Las pocas décadas que precedieron a la revuelta de Bar Kojba habrían estado, sin duda, llenas de resentimiento y de ira creciente. No fue un asunto que surgiera de la nada. A juzgar por su desarrollo, la tercera revuelta parece haber sido planeada por mucho tiempo.

Busto de bronce del emperador Adriano del campamento de la Legio VI Ferrata romana, en Tel Shalem, cerca de la actual Bet She'an, Israel, fechado entre el 117 y el 135'

Conclusión

Reconstruir los acontecimientos del pasado es increíblemente difícil, sobre todo si las pocas fuentes de que disponemos apenas mencionan el acontecimiento o utilizan conjuntos de datos contradictorios. Y con la llegada de la arqueología, hay veces que esos hechos contradicen completamente la propia realidad. Aunque personas como Casio Dio y Flavio Josefo tuvieron relatos de primera mano del acontecimiento, sus obras están repletas de opiniones personales, atribuciones erróneas, errores manifiestos y, a menudo, propaganda descarada. Basarse en textos religiosos antiguos sobre este tema en particular es aún más arriesgado porque no citan fechas específicas y a menudo tienden a confundir a dos o tres personas con la misma persona. Una vez más, la exactitud histórica no es su objetivo.

Sin embargo, eso no debería impedirnos discutir temas fascinantes como la guerra de Kitos. De todas las revueltas judías masivas, esta tuvo lugar casi en su totalidad fuera de Judea. Y aunque no podemos probar definitivamente que hubiera coordinación entre los judíos de Cirenaica, Egipto, Chipre, Mesopotamia y (potencialmente) la propia Judea, el hecho de que casi todas las revueltas tuvieran lugar en un plazo tan corto de tiempo, separadas unas de otras, es cuando menos sospechoso. Esta revuelta, si fue planificada, habría sido uno de los esfuerzos coordinados más interesantes de la historia militar antigua, pero es igual de fascinante si todas ellas fueron completamente independientes entre sí. En todo caso, demostraría lo resistentes, enfurecidos y decididos que estaban los judíos a luchar por sí mismos y por sus causas a pesar de vivir a miles de kilómetros de Jerusalén.

Pero la guerra de Kitos no es solo una historia de judíos que se rebelan contra los romanos. También es una historia de cómo Roma alcanzó su clímax territorial y se convirtió en la nación más grande y poderosa del mundo conocido de la época. Además, hombres como Lupo, Turbón y, sobre todo, Quieto, tienen sus propias historias fascinantes: uno de ellos resistió en solitario a una masa de rebeldes enfurecidos, otro aplastó la rebelión en el norte de África y el tercero puso fin a todas las actividades rebeldes en poco tiempo. La intriga política que hay detrás de estos hombres es igual de interesante, ya que abarca la época de dos grandes emperadores, ambos con niveles específicos de peligro por parte de los judíos. También es una historia sobre cómo los últimos restos de los antiguos griegos trataron a sus vecinos judíos y a otros no helénicos, cómo la religión jugó un papel importante en la división de los pueblos de Asia Menor, el norte de África y los Balcanes, y cómo esos resentimientos, odios e intolerancias nunca se calmaron realmente, durante décadas, si no siglos.

En última instancia, el resultado de la guerra de Kitos muestra lo compleja que era la política antigua. Las malas políticas internacionales, los funcionarios corruptos, las masas insatisfechas y la amenaza de una guerra total contribuyeron a una enorme masacre que dejó cientos de miles de muertos en ambos bandos. Y aunque la guerra de Kitos no fue ni de lejos tan impactante como el asedio de Jerusalén o incluso la revuelta de Bar Kojba, sigue siendo una importante nota a pie de página cuyas lecciones se aplican a nosotros incluso hoy.

Restos de una antigua puerta romana bajo la puerta de Damasco, Israel[xi]

Vea más libros escritos por Captivating History

Bibliografía y Referencias

Bloom, J. P. (2010): *The Jewish Revolts Against Rome, A.D. 66-135: A Military Analysis.* Jefferson, NC, USA and London, UK: McFarland & Company, Inc., Publishers.

Curran, J. R. (2007): The Jewish War: Some Neglected Regional Factors, In *The Classical World,* Vol. 101, No. 1, (pp. 75-91). Baltimore, MD, USA: Johns Hopkins University Press.

den Boer, W. (1948): The Native Country of Lusius Quietus, In *Mnemosyne,* Fourth Series, Vol. 1, Fasc. 1, (pp. 327-337). Leiden, Netherlands: Brill Publishers.

Encyclopedia Britannica (1981), Extraído el 2 de abril de 2022, de https://www.britannica.com

Goodman, M. (2007): *Rome and Jerusalem: The Clash of Ancient Civilizations.* New York, NY, USA: Alfred A. Knopf.

Jewish Encyclopedia (2002), Extraído el 2 de abril de 2022, de https://jewishencyclopedia.com

Johnson, P. (1987): *A History of the Jews.* New York, NY, USA: Harper Perennial.

Josephus, F. (1980): *The Works of Josephus: Complete and Unabridged, New Updated Edition* (W. Whiston, Trans.). Peabody, MA, USA: Hendrickson Publishers.

Katz, S. T. (Ed.) (2008): The Cambridge History of Judaism Volume IV: The Late Roman-Rabbinic Period. Cambridge, UK: Cambridge University Press.

Magness, J. (2012): The Archeology of the Holy Land: From the Destruction of Solomon's Temple to the Muslim Conquest. Cambridge, UK: Cambridge University Press.

Scheindlin, R. P. (1998): *A Short History of the Jewish People*. New York, NY, USA: Macmillan Publishing.

Smallwood, E. M. (1962): Palestine c. A. D. 115-118, In *Historia: Zeitschrift für Alte Geschichte,* Vol. 11, No. 4, (pp. 500-510). Stuttgart, Germany: Franz Steiner Verlag.

Smallwood, E. M. (1976): *The Jews under Roman Rule: from Pompey to Diocletian*. Leiden, Netherlands: Brill Publishers.

Wikipedia (January 15, 2001), Extraído el 2 de abril de 2022, de, from www.wikipedia.org

Zeev, M. P. B. (2005): *Diaspora Judaism in turmoil, 116/117 CE: Ancient Sources and Modern Insights*. Leuven, Belgium and Dudley, MA, USA: Peeters Publishers.

Notas sobre las imágenes

[i] Imagen original subida por Tm el 7 de junio de 2020. Recuperada de https://commons.wikimedia.org en abril de 2022 bajo la siguiente licencia: *Dominio Público*. Este artículo es de dominio público y puede ser utilizado, copiado y modificado. Enlace: https://commons.wikimedia.org/wiki/File:Pomp%C3%A9e_dans_le_Temple_de_J%C3%A9rusalem.jpg

[ii] Imagen original subida por HiyoriX el 27 de marzo de 2013. Recuperada de https://commons.wikimedia.org en abril de 2022 bajo la siguiente licencia: אפי אליאן, CC BY-SA 3.0 <https://creativecommons.org/licenses/by-sa/3.0>, vía Wikimedia Commons Unported. Esta licencia permite que otros vuelvan a mezclar, modifiquen y construyan a partir de tu trabajo, incluso con fines comerciales, siempre y cuando te acrediten y licencien sus nuevas creaciones bajo los mismos términos. Enlace: https://commons.wikimedia.org/wiki/File:Herods_grave_israel_museum_2013_mrach_b y_history_on_the_map_efi_elian.jpg

[iii] Imagen original subida por Pethrus el 10 de mayo de 2016. Recuperada https://commons.wikimedia.org en abril de 2022 bajo la siguiente licencia: Creative Commons Attribution-ShareAlike 4.0 International. Esta licencia permite que otros vuelvan a mezclar, modifiquen y construyan a partir de tu trabajo incluso con fines comerciales, siempre que te den crédito y licencien sus nuevas creaciones bajo los mismos términos. Pethrus e historicair, CC BY-SA 4.0 <https://creativecommons.org/licenses/by-sa/4.0>, vía Wikimedia Commons https://commons.wikimedia.org/wiki/File:Antique_jew_diaspora_map_with_Acts_of_the _Apostles_mention_highlight.svg

[iv] Imagen original subida por Carole Raddato el 11 de agosto de 2016. Recuperada de https://commons.wikimedia.org en abril de 2022 bajo la siguiente licencia: Creative Commons Attribution-ShareAlike 2.0 Unported. Esta licencia permite que otros vuelvan a mezclar, modifiquen y construyan a partir de tu trabajo incluso con fines comerciales, siempre que te den crédito y licencien sus nuevas creaciones bajo los mismos términos. CC BY-SA 2.0 <https://creativecommons.org/licenses/by-sa/2.0>, via Wikimedia Commons Enlace: https://commons.wikimedia.org/wiki/File:The_Arch_of_Titus,_Upper_Via_Sacra,_Rome_(31978782305).jpg

[v] Imagen original subida por David Shankbone el 24 de diciembre de 2007. Recuperada de https://commons.wikimedia.org en abril de 2022 bajo la siguiente licencia: Creative CommonsAttribution-ShareAlike 3.0 Unported. Esta licencia permite que otros vuelvan a mezclar, modifiquen y construyan a partir de tu trabajo, incluso con fines comerciales, siempre y cuando te den crédito y licencien sus nuevas creaciones bajo los mismos términos. CC BY-SA 3.0 <http://creativecommons.org/licenses/by-sa/3.0/>, via Wikimedia Commons Enlace: https://commons.wikimedia.org/wiki/File:Masada_Roman_Ruins_by_David_Shankbone.jpg

[vi] Imagen original subida por Triggerhippie4 el 30 de julio de 2015. Recuperada de https://commons.wikimedia.org en abril de 2022 bajo la siguiente licencia: *Dominio Público*. Este artículo es de dominio público y puede ser utilizado, copiado y modificado. Enlace: https://commons.wikimedia.org/wiki/File:Josephus.jpg

[vii] Imagen original subida por HistoryofIran el 25 de octubre de 2020. Recuperada de https://commons.wikimedia.org en abril de 2023 bajo la siguiente licencia: Creative Commons Attribution-ShareAlike 4.0 International. Esta licencia permite que otros vuelvan a mezclar, modifiquen y construyan a partir de tu trabajo, incluso con fines comerciales, siempre que te den crédito y licencien sus nuevas creaciones bajo los mismos términos. CC BY-SA 4.0 <https://creativecommons.org/licenses/by-sa/4.0>, via Wikimedia Commons Enlace: https://commons.wikimedia.org/wiki/File:Map_of_the_Parthian_Empire_under_Mithridates_II.svg.

[viii] Imagen original subida por Hartmann Linge el 15 de octubre de 2010. Recuperada de https://commons.wikimedia.org en abril de 2022 bajo la siguiente licencia: Creative Commons Attribution-ShareAlike 3.0 Unported. Esta licencia permite que otros vuelvan a mezclar, modifiquen y construyan a partir de tu trabajo, incluso con fines comerciales, siempre que te den crédito y licencien sus nuevas creaciones bajo los mismos términos. CC BY-SA 3.0 <https://creativecommons.org/licenses/by-sa/3.0>, via Wikimedia Commons Enlace: https://commons.wikimedia.org/wiki/File:CVT_APX_Amphitheater_Traiansstatue.jpg

ⁱˣ Imagen original subida por Scewing el 13 de junio de 2009. Recuperada de https://commons.wikimedia.org en abril de 2022 bajo la siguiente licencia: *Dominio Público*. Este artículo es de dominio público y puede ser utilizado, copiado y modificado. Enlace: https://commons.wikimedia.org/wiki/File:Lusius_Quietus_on_Column_of_Trajan.jpg#file

ˣ Imagen original subida por Filetime el 17 de diciembre de 2021. Recuperada de https://commons.wikimedia.org en abril de 2022 con pequeñas modificaciones bajo la siguiente licencia: *Creative Commons Attribution-ShareAlike 2.0 Generic*. Esta licencia permite que otros vuelvan a mezclar, modifiquen y construyan a partir de tu trabajo, incluso con fines comerciales, siempre que te den crédito y licencien sus nuevas creaciones bajo los mismos términos. CC BY-SA 2.0 <https://creativecommons.org/licenses/by-sa/2.0>, via Wikimedia Commons Enlace: https://commons.wikimedia.org/wiki/File:Bronze_statue_of_Hadrian,_found_at_the_Camp_of_the_Sixth_Roman_Legion_in_Tel_Shalem,_117%E2%80%93138_AD,_Israel_Museum,_Jerusalem_(15646103181).jpg

ˣⁱ Imagen original subida por Davidbena el 3 de marzo de 2019. Recuperada de https://commons.wikimedia.org el 20 de abril de 2022 bajo la siguiente licencia: Creative Commons Attribution-ShareAlike 4.0 International. Esta licencia permite que otros vuelvan a mezclar, modifiquen y construyan a partir de tu obra incluso con fines comerciales, siempre y cuando te acrediten y licencien sus nuevas creaciones bajo idénticos términos. CC BY-SA 4.0 <https://creativecommons.org/licenses/by-sa/4.0>, via Wikimedia Commons Enlace: https://en.wikipedia.org/wiki/File:Old_Gate_beneath_Damascus_Gate.jpg

www.ingramcontent.com/pod-product-compliance
Lightning Source LLC
LaVergne TN
LVHW011858060526
838200LV00054B/4416